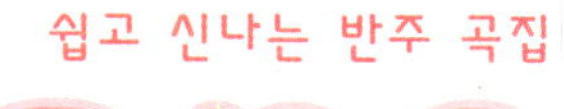

쉽고 신나는 반주 곡집

Piano 최신음악 짱18

CONTENTS

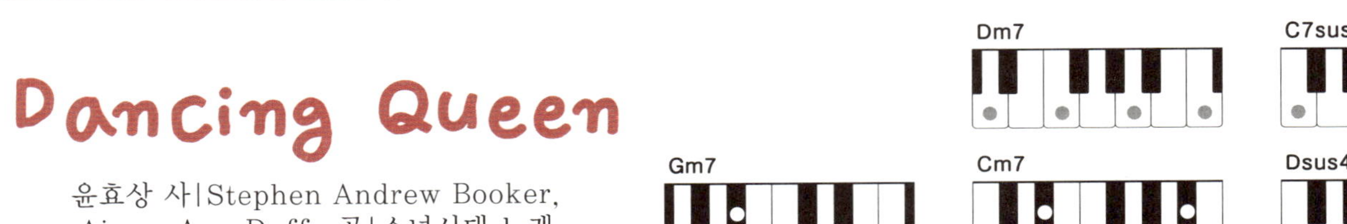

Dancing Queen

윤효상 사|Stephen Andrew Booker,
Aimee Ann Duffy 곡|소녀시대 노래

사용코드

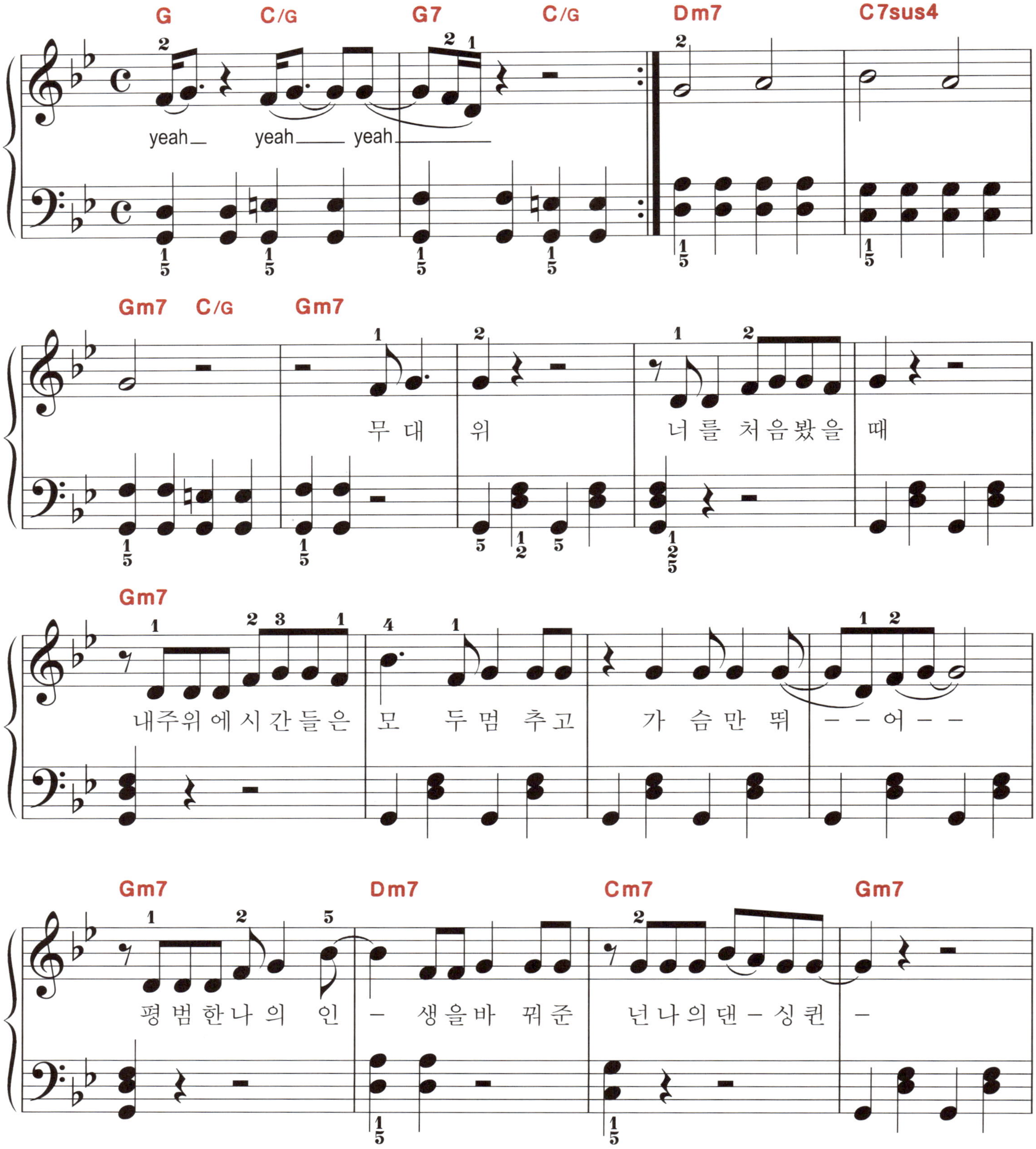

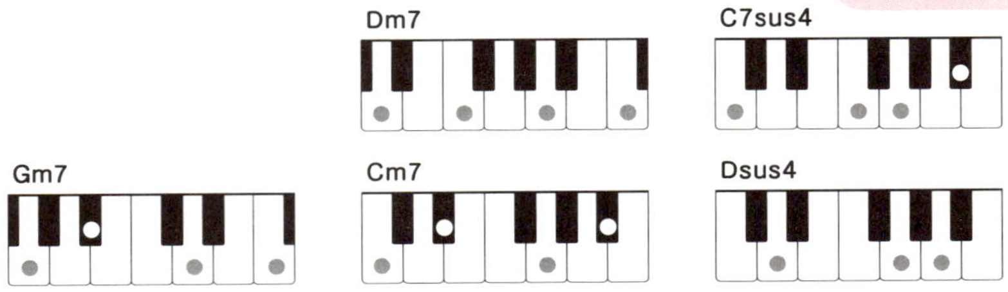

• 다른 리듬 패턴으로도 반주해 보세요.

지루한 나의 일 — 상을 깨 워 준 — 하 룻 — 밤의 파 — — 티 — —
내 맘을 사 로 잡 는 댄 싱 그 화 — 려 한 솜 — 씨
너의 그 이 기 적 인 맵 — 시 그 아 — 찔 한 색 — 시
숨 막 — 힐 듯 — 해 — — — — — — — yeah

강북 멋쟁이

정형돈 사 | 방배동 살쾡이 곡 | 정형돈 노래

• 다른 리듬 패턴으로도 반주해 보세요.
Am
C
G/B
넘 기고깃세우고 소매를걷고 별거없－이도 빛이난다조명없이
도본 다고넘어가냐 존심이있지 귀 찮다떨어져라 니 네는존심도없
냐 라라라 라 라라라 라 라라라 랄 라라라라라랄 라 라라라
라 라 라 라 라라라라라라 라라 라라라라라라 라라 강북멋쟁이

I'm Sorry

정용화, 한성호 사 | 정용화, 한승훈 곡 |
씨엔블루 노래

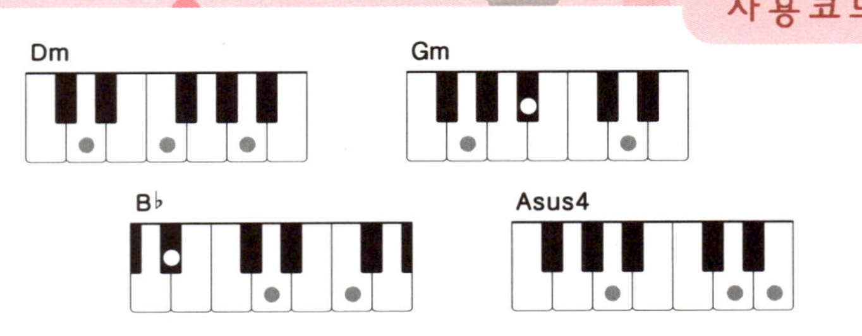

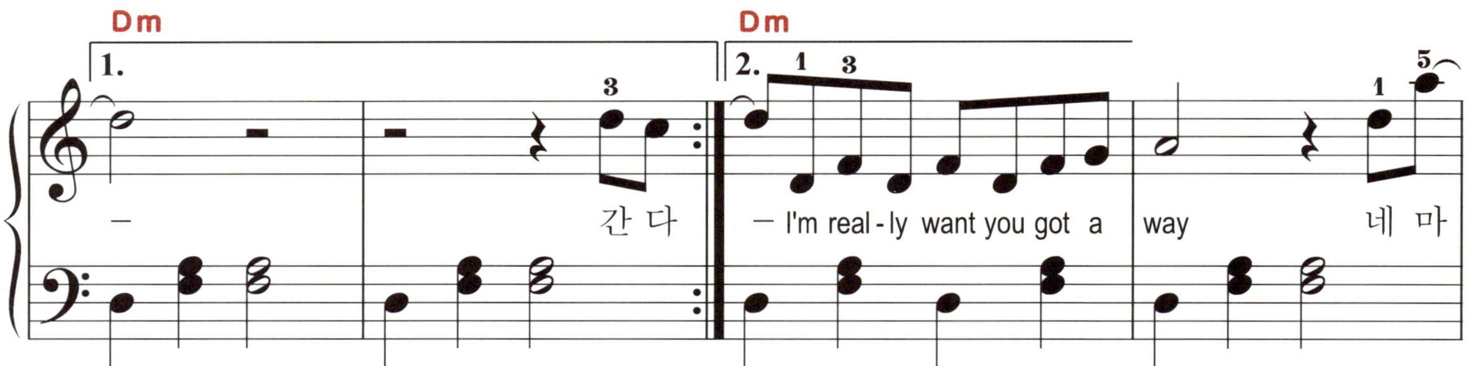

다른 리듬 패턴으로도 반주해 보세요.
Dm
F/C
F/C
Gm/B♭
-ry 사랑한 다 더니 나밖에 없 다 더니 - 오
sor-ry 모두가 변 해도 너만은 아 니 란말 - 오
B♭
Asus4
Asus4
1. 2.
그렇고그런거짓 말야 - 네이 그런뻔한말일뿐
누구나말하는
Dm
F/C
야뻔뻔한너의한마디 웃기는너의한마 - 디 I'm sor - ry
Gm/B♭
B♭
Asus4
짜증난너의한마디 화가난너의한마디 oh oh back to me I'm so cra-zy

있다 없으니까

용감한 형제 사 | 용감한 형제, 코끼리 왕국 곡 |
씨스타19 노래

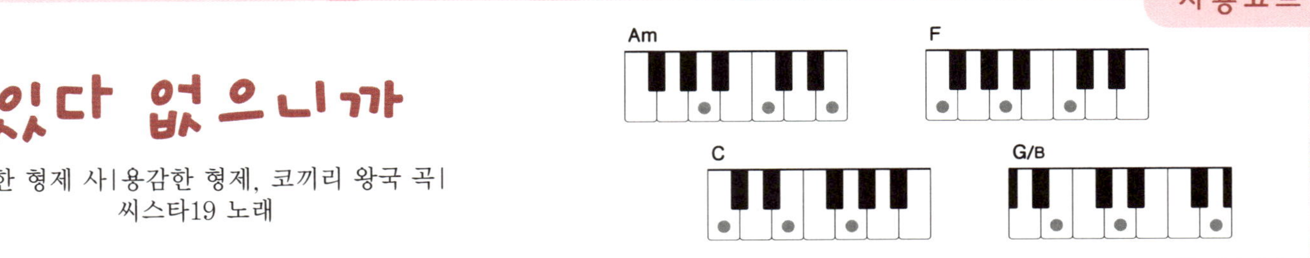

Am

F

C

G/B

Am

F

C

G/B

다른 리듬 패턴으로도 반주해 보세요.
Am
F
C
G
5 2 1 2
5 2 1 2
5 2 1 2
5 2 1 2
Am
F
있 다 없 으 니 까   숨 을 쉴 수 없 어
곁 에 없 으 니 까   머 물 수 도 없 어
C
G/B
나 는 죽 어 가 는 데   너 는 지 금 없 는 데
없 는 데 없 는 데 없 는 데   니 가
Am
F
있 다 없 으 니 까   웃 을 수 가 없 어
곁 에 없 으 니 까   망 가 져 만 가 는 내
C
G/B
C
- 모 - 습 이 - 너 무 싫 어 난 -
난 이 제 기 댈 곳 조 차 없 어 -

다 예뻐

강지원, 김기범 사 |
강지원, 김기범 곡 | 한선화, 영재 노래

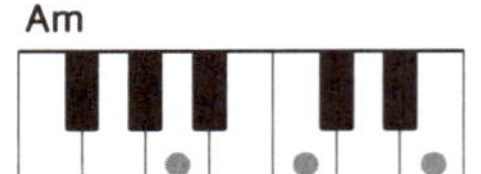

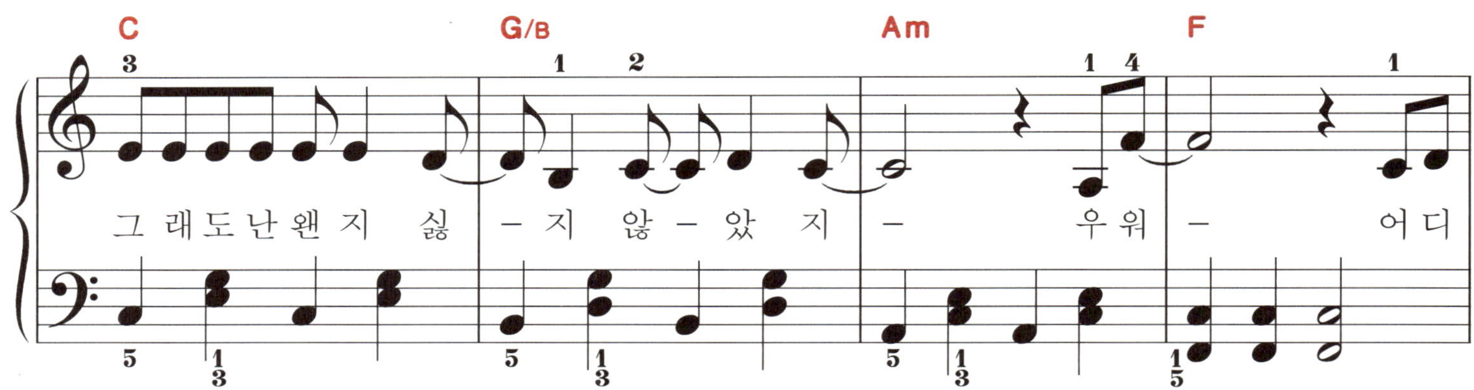

이 유 가 어 -딨 어 -좋 으 면 그냥 좋은 거 지 - 언제부
터 일까 -이게사 랑 일까 -왜자꾸 너만보면행복할까 - 어쩜
그 렇게넌 다 예 뻐 - 빈틈없이다 예뻐 -
보 고조리또 봐 도 - 어딜봐도다 예뻐 -
사 랑사랑사랑 사 - 랑해 - 너의그모든 -걸- 요리
누 가뭐라해도 나 - 는 네 -편이야 - 예쁘게사랑하자 -

Tell Me Tell Me

Red Rocket, C-no 사|
Red Rocket 곡|레인보우 노래

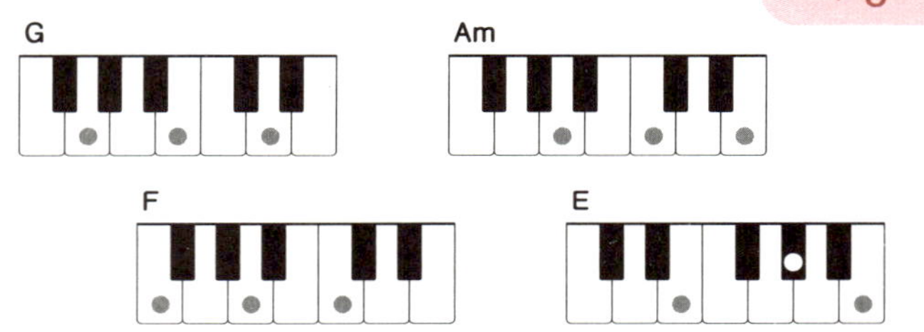

다른 리듬 패턴으로도 반주해 보세요.
C
G/B
Am
F
F
C
실하게 말을 해
쉿
any way
tell me tell me 어
G/B
Am
F
서 말을 해줘 내
가 니 여자라고
oh hon - ey
C
E/B
Am
F
you you
you you 헷갈 리 게 하지 좀 마
C
E/B
Am
F
I wan-na be be your love

1, 2, 3, 4

Lydia, Masta, Choice 사|
Lydia, Choice 곡|이하이 노래

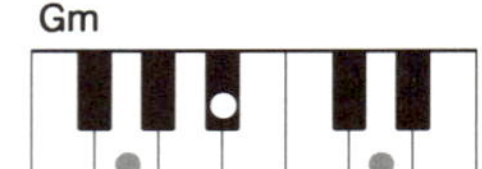

•다른 리듬 패턴으로도 반주해 보세요.
Gm
Gm
비참하게굴 지는 -마 사라져줘저 멀 리 no no 난난난나 나나
C
Gm
구차하게울 지는 -마 다 잊어줘영 원히 -no no listen 남
Gm
걱 정 하지말고 너나잘해 -니그런 동정따윈필요없어 우 I said
Gm
one and two and three and four woo 시 -간이 모든 걸해 -결할거야

매력있어

이찬혁 사 | 이찬혁 곡 | 악동뮤지션 노래

• 다른 리듬 패턴으로도 반주해 보세요.
Em
Em7
회장비서 보다더 매력있어 - - 크지않은눈오 똑하지않은코하지
Em7
Bm
만이 게뭐야난네 게 빠져버 렸어도 대체 뭐야날이 렇게만든 네정체 가뭐야 마법
Am
Bm
사 마술사 아님어 디서 매력학 과라도 전 공하셨나 - - -
Em7
매력있어 내가 반하 겠어 - 매 - 력있어 - -

사용코드
영화 '늑대소년' 삽입곡
나의 왕자님
조성희 사 | 심현정 곡 | 박보영 노래
FM7
Gm7
Bb
Csus4
Am7
F
FM7
밤 － 새 － 도 록 창 밖 에
F
FM7
Gm
C7
Gm
햇 － 님 이 뜨 길 기 다 려 요 아 침 이 오
Gm/D
C7
면 － 그 사 람 을 만 － 날 수 있 으 니 까
FM7
C/G
F
FM7
요 고 마 워 요 내 손 잡 아 줘

다른 리듬 패턴으로도 반주해 보세요.
F
FM7
FM7
F
F/A
B♭
Gm7
Am7
D
Gm7
B♭m/D♭
Csus4
C
F
FM7
F6
FM7
서 고 마워요 내 눈바라 봐 서
고 마워요 내 가 그 리던왕 자 님 이 렇게내
앞 에나타나 줘 서

Goodbye To Romance

김이나 사 | 이민수 곡 | 써니힐 노래

사용코드

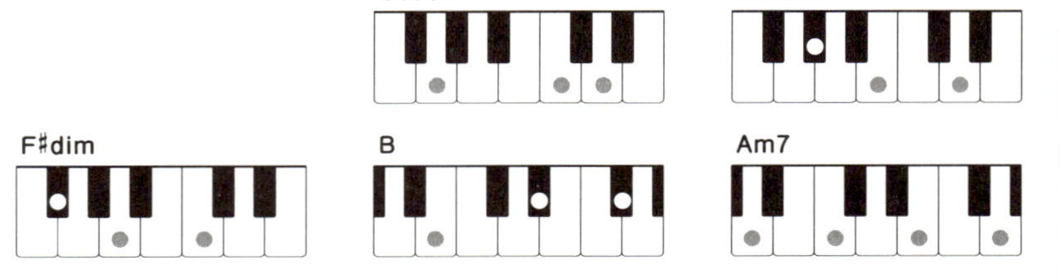

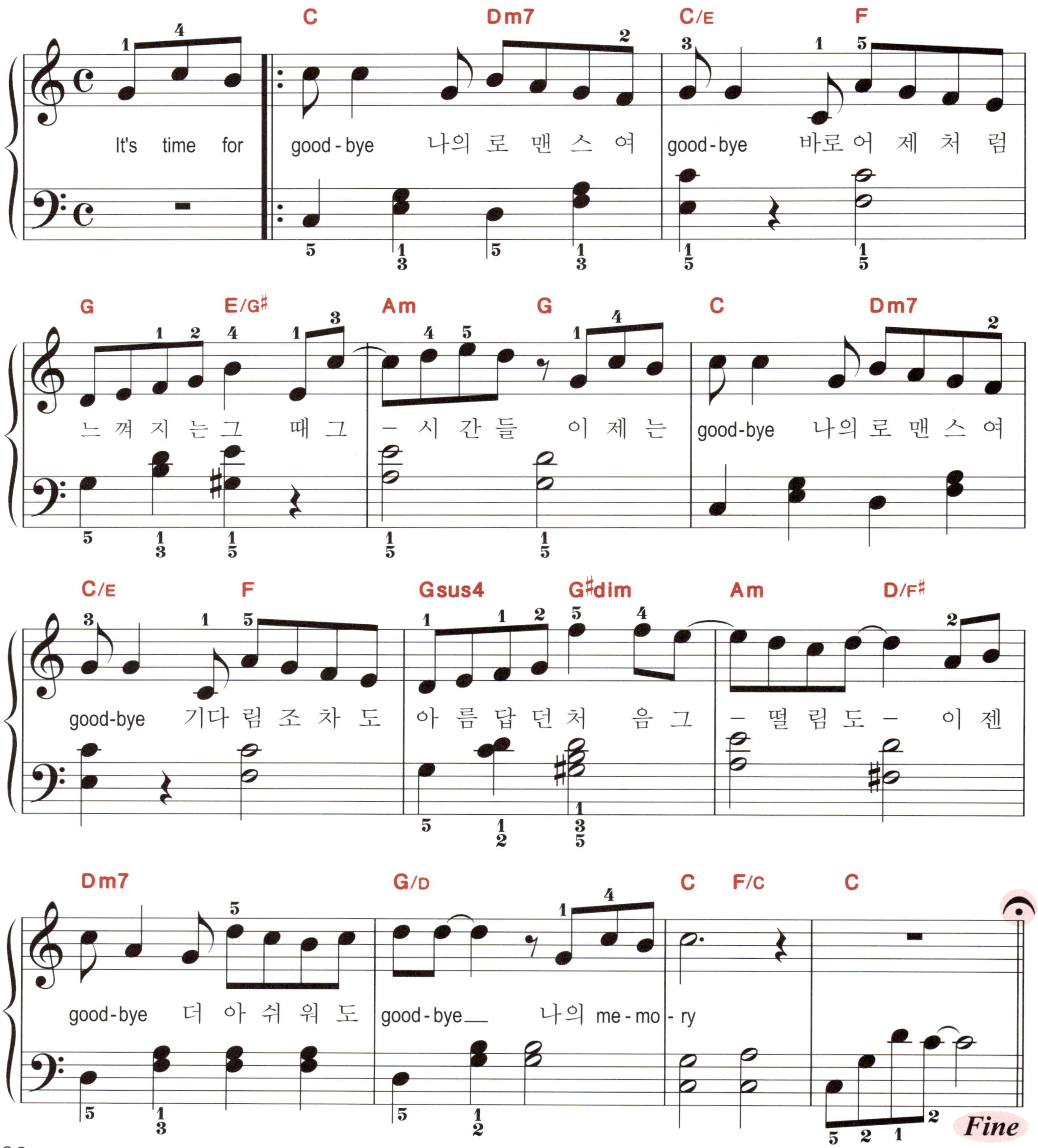

•다른 리듬 패턴으로도 반주해 보세요.
C Dm C/E F G E/G# Am G
C Dm7 C/E Dm7 G/D Fm/C C
언 니방－서랍속 －에 졸 업앨－범을보 다 가
F#dim B/F# Em7 Am7/E D/F# D7/F# Gsus4/D
3 학년－ 1 반반 장이었 던－그선배 를 오랜만에보네 －요－
C Dm7 C/E Dm7 G7/D Fm/C C
점 심시－ 간이되 －면－ 창 가에－자릴잡 고 서
F#dim Bm/F# Em7 Am7/E D/F# D/F# Gsus4/D G
농 구스－타처 럼 멋있었 던－그 댈보 －는게－ 그 렇게 좋 았죠－ it's time for

일년전에

신사동 호랭이, 라도 사 | 신사동 호랭이, 라도 곡 |
장현승, 정은지, 김남주 노래

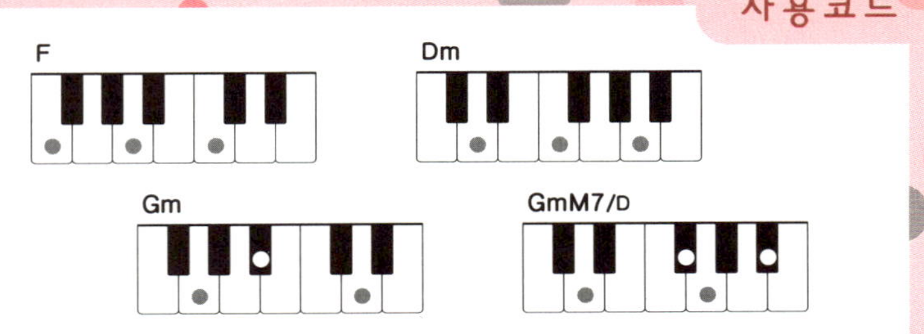

사용코드
F
Dm
Gm
GmM7/D

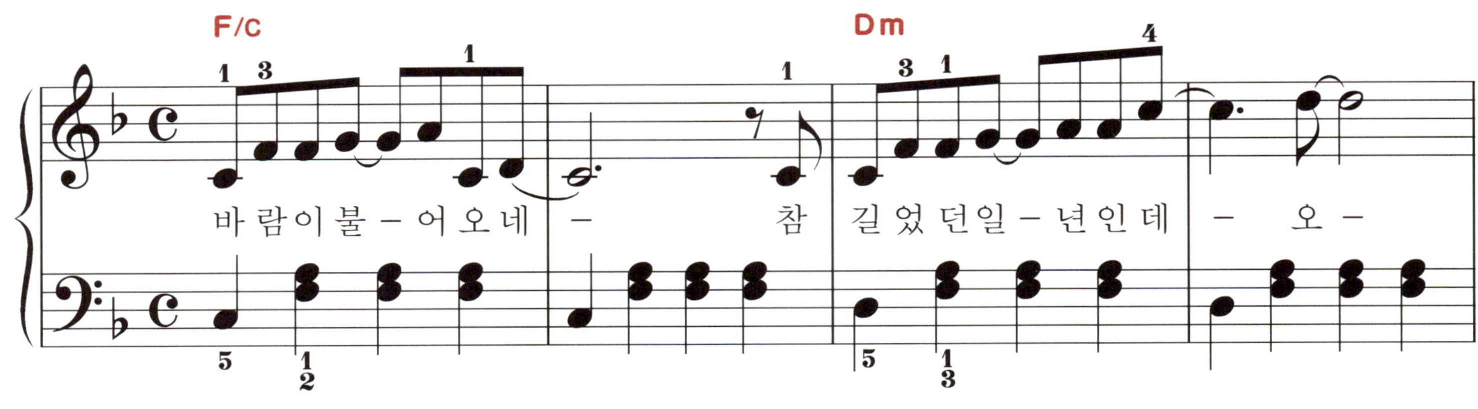

F/C
Dm
바람이불 - 어오네 - 참 길었던일 - 년인데 - 오 -

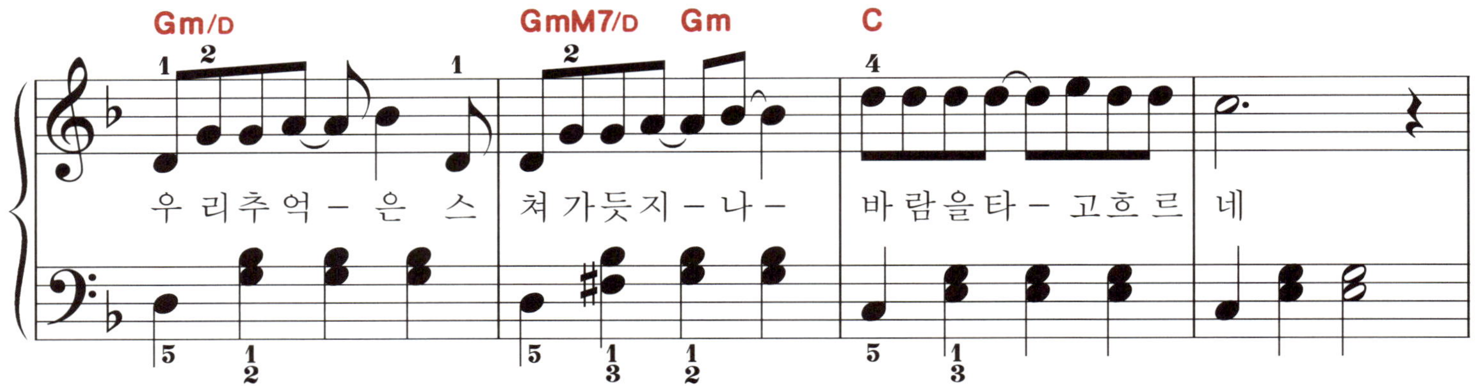

Gm/D
GmM7/D
Gm
C
우 리추억 - 은 스 쳐가듯지 - 나 - 바람을타 - 고흐르 네

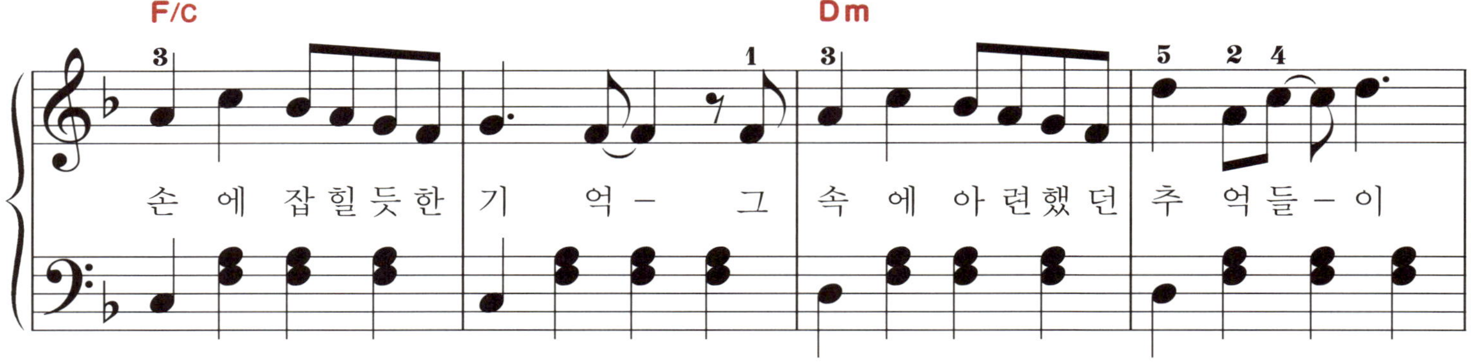

F/C
Dm
손 에 잡힐듯한 기 억 - 그 속 에 아 련했던 추 억들 - 이

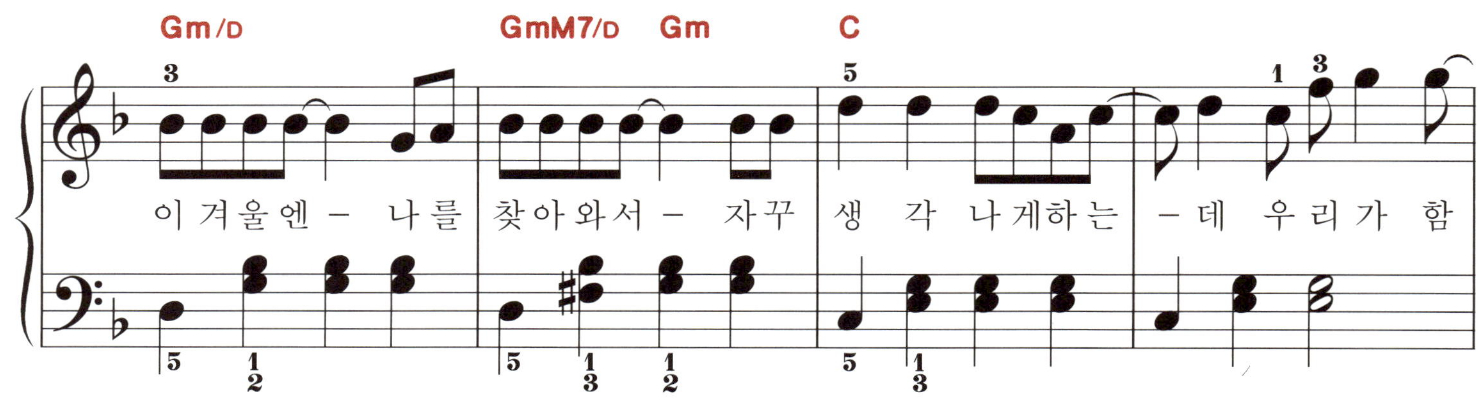

Gm/D
GmM7/D
Gm
C
이 겨울엔 - 나를 찾아와서 - 자꾸 생 각 나 게하는 - 데 우 리 가 함

다른 리듬 패턴으로도 반주해 보세요.

F/C
Dm
-께듣던노래 함 -께보던영화 함 -께걷던이 거릴 -어 느 새
Gm/D
GmM7/D Gm
C
일 년전에 벌써 일 년전에 그땔 - 그 리 워 하 고 - 이 렇 게 눈
F/C
Dm
-이 오 는 날 에 잊 -어 버 린 너 의 기 -억들을다시또꺼 -내 놓 고 서
Gm/D
GmM7/D Gm
C
F/C
일 년전에 벌써 일 년전에 그땔 - - - 기 억 하 네 요 -

사용코드

이 사람

용감한 형제 사|똘아이박, 용감한 형제 곡|
효린, 전효성, 현아, 니콜, 나나 노래

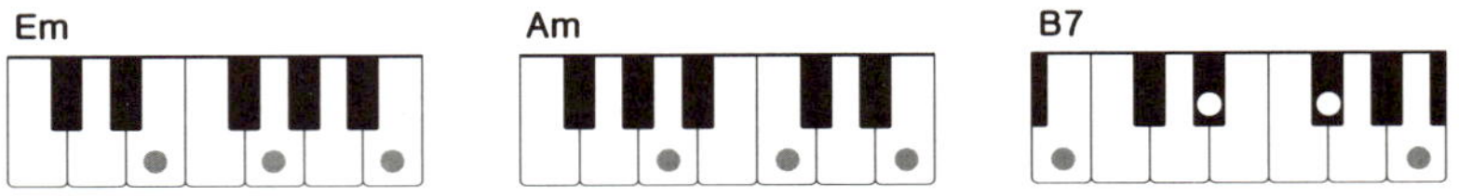

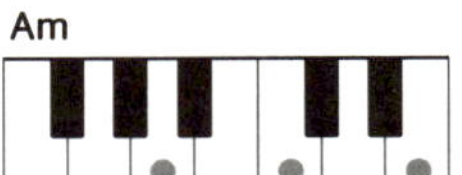

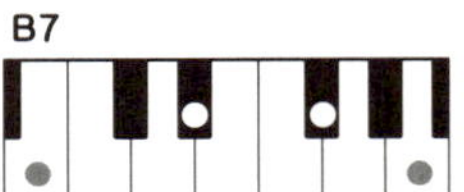

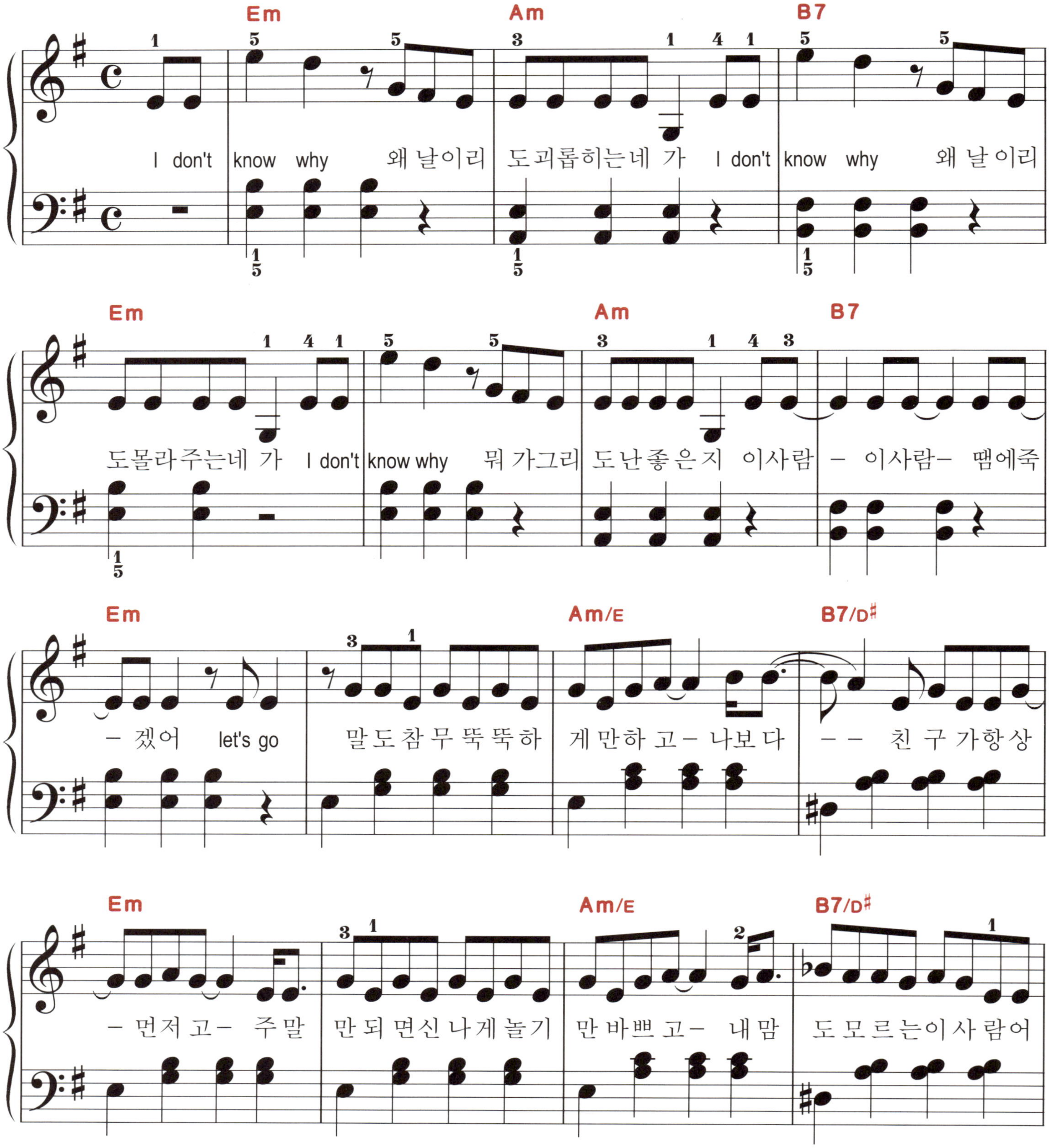

다른 리듬 패턴으로도 반주해 보세요.
Em
Am
B
Em
떡할까요- 네가네가
뭔데- 왜나를 울려- 미워죽 겠 어- 속상해
뭔데- 자꾸만 끌려- 미워죽 겠 어- 이젠어
Am
B7
Em
Em
살 수 없잖아 - 네가네가
쩔 수 없 잖아- I don't know why 내 마음이
Am
B7
Em
- I don't know why 왜 이런 지- - I don't know why 모르겠어
Am
B7
Em
- 이사 람 이사람 - 땜에 죽 겠어-

Dream Girl

전간디 사 | 신혁, DK, Jordan Kyle,
Ross Lara, Dave Cook 곡 | 샤이니 노래

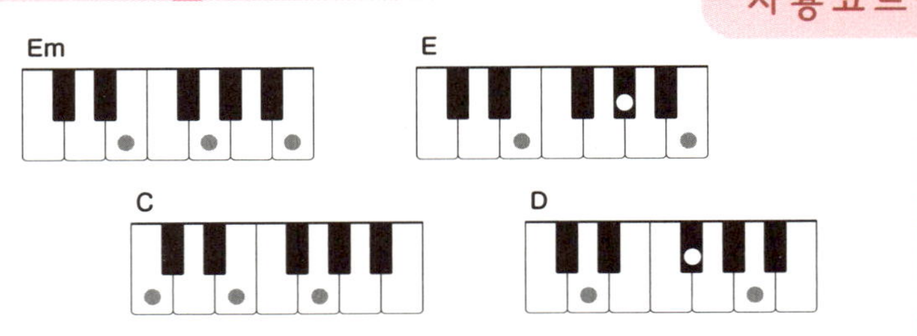

다른 리듬 패턴으로도 반주해 보세요.
Em
C
D
Em
C
D

Em
를보낼순없는데 ba - by 모두 꿈인걸알지만 ba - by 오제발

Em
E
C
D
날떠나지말아 dream girl 손에 잡힐듯잡히지않는

E
C
D
E
dream girl 매일 밤이렇게널기다려 dream___ girl___ 달콤

Em
Em
히 사랑을속삭이고 - 아침 이되면사라질 dream girl

I Got A Boy

유영진 사|유영진, Will Simms, Anne Judith Wik, Sarah Lundback 곡|소녀시대 노래

• 다른 리듬 패턴으로도 반주해 보세요.

상처입은야수같은 깊 은 눈
애기만해도어 ― 질했다니까너
잘났어정 말 잘났어 정 말
오 오오에오 오오에오 ― ― ― ― 너 잘 났 다 정 말
잘 났 어 정 말
I got a boy__ 멋진 I got a boy__ 착한 I got a
boy__ hand-some boy__ 내 맘
boy__ awe-some boy__ 완 전
다 가 져 간 I got a
반 했 나 봐

29

CF '아이패드'
Heart And Soul
Hoagy Carmichael, Frank Loesser 사
Hoagy Carmichael, Frank Loesser 곡
사용코드
Am
Dm
G
F
C   Am   Dm   G   C   Am   Dm   G
C   Am   Dm   G   C   Am   Dm   G
C   Am   Dm   G   C   Am   Dm   G
C   Am   F   G

• 다른 리듬 패턴으로도 반주해 보세요.

사용코드

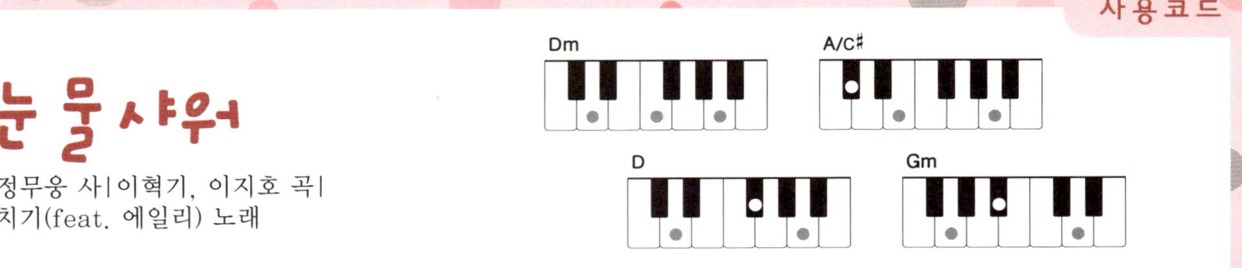

눈물샤워

이기철, 정무웅 사 | 이혁기, 이지호 곡 |
배치기(feat. 에일리) 노래

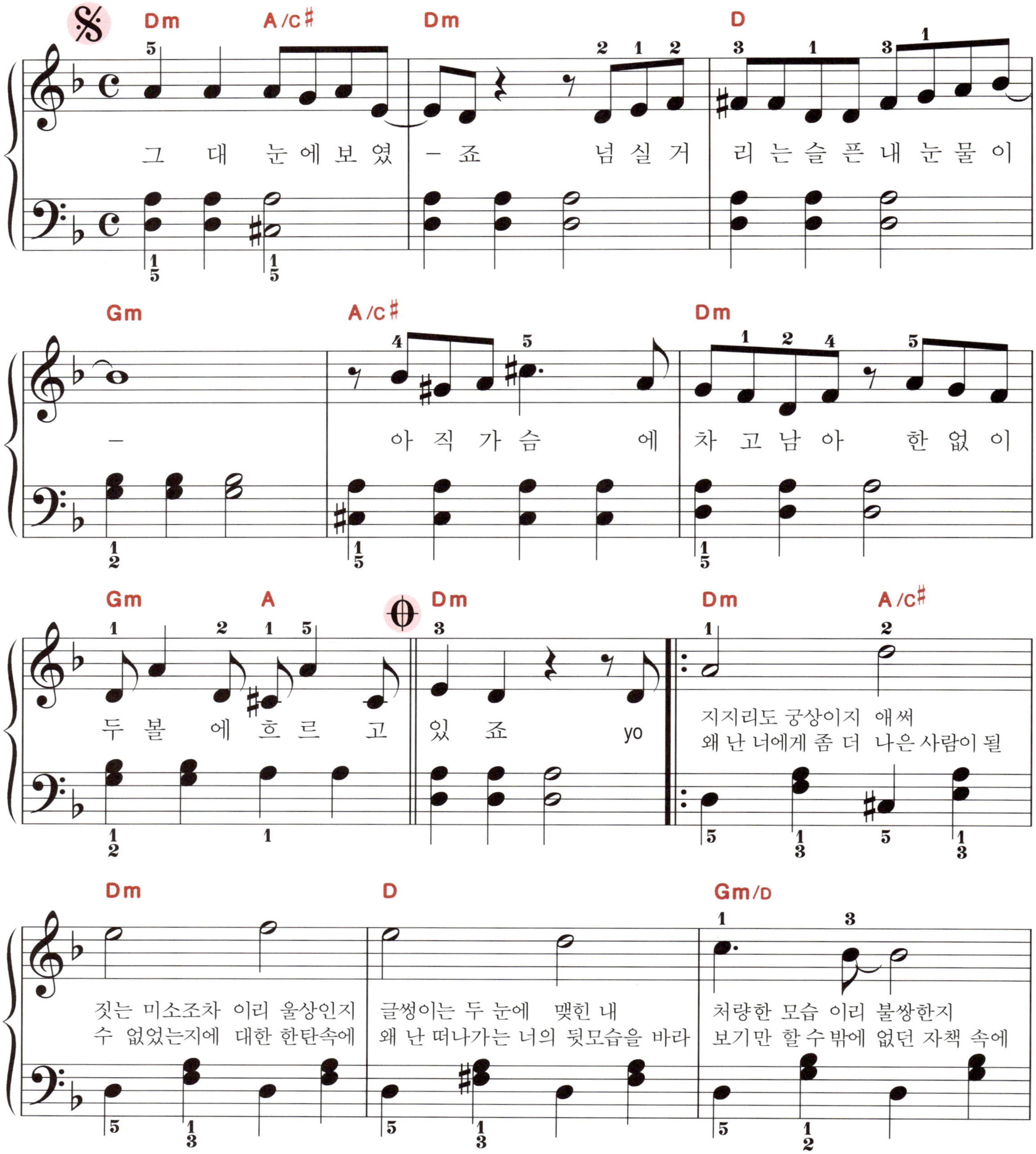

• 다른 리듬 패턴으로도 반주해 보세요.

Dm   A/C#   Dm   D   Gm/D

A/C#   Dm   Gm/D   A/C#
자꾸 멍해져 목젖부터 울컥거리 는게 툭치면 눈물이 쏟아질 것 같애 내가 나를 알기에 널 잡지못했던
마지막엔 알아야했어 너의 이기 적인 가슴은 다른 설레임을 원하는걸 우는 와중에도 밥은 넘기는거 보니

Dm
후회속에 질질짜는 못난 놈
그래도 계속 살고싶긴 한가보네

Dm   A/C#
있 죠   아무 일 없 는듯   웃

D.S. al Coda

Dm   D   Gm
고 싶 어 요   날 감 싸   는 추 억 이 또   날 붙 잡 죠   이 눈 물

A/C#   Dm   Gm   A   Dm
이   그 대 의 두 눈 에 도 -   흐 르 고 - 있 을 까   - 요 -

Everything At Once

Lenka 사 | Lenka 곡 | Lenka 노래

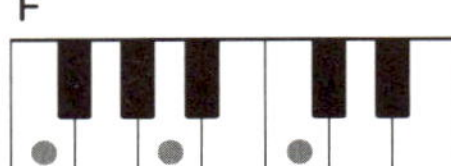

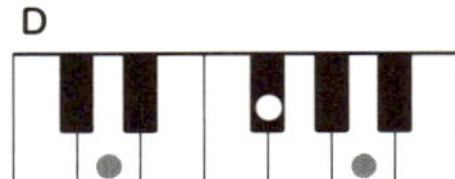

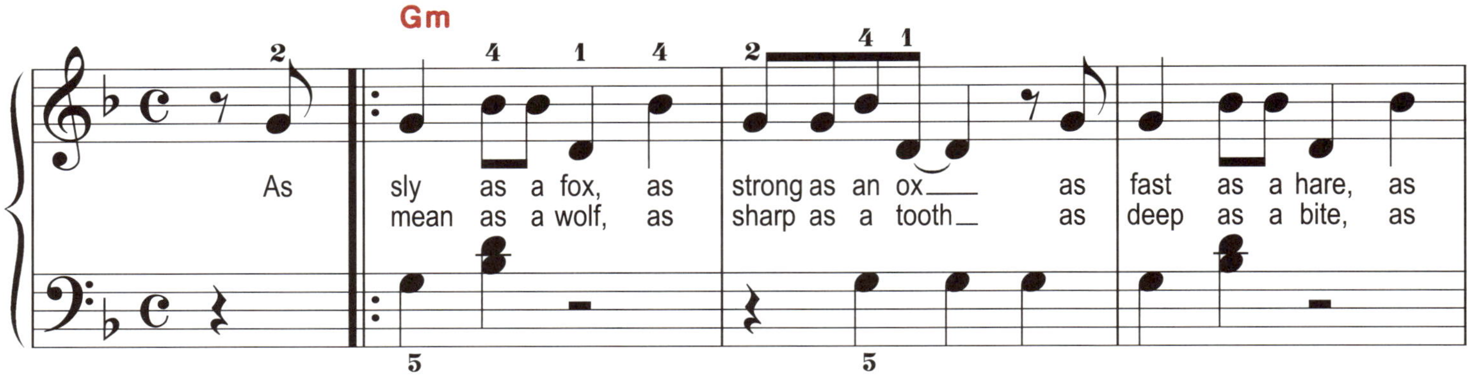

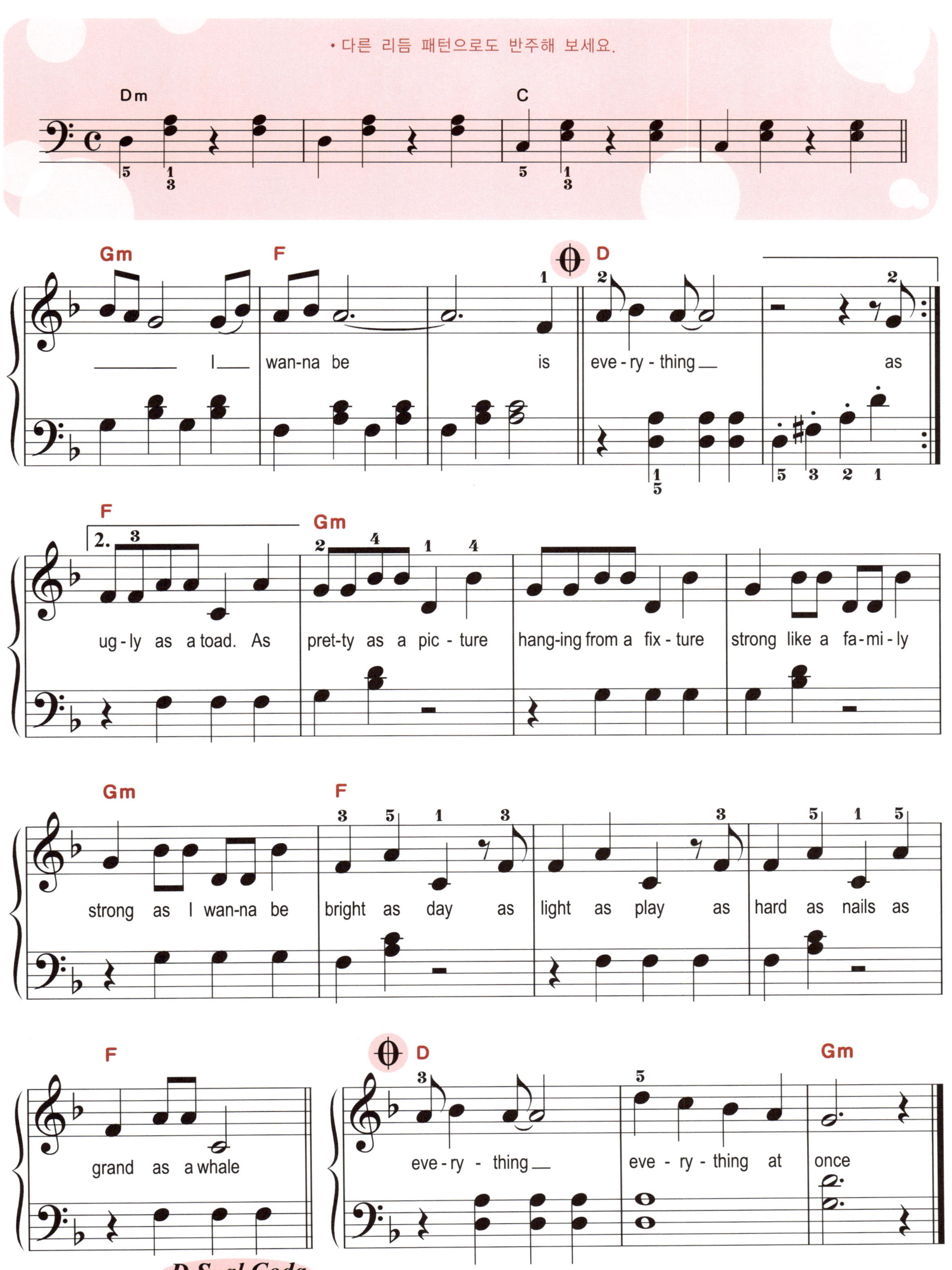

• 다른 리듬 패턴으로도 반주해 보세요.

Dm
C
Gm
F
D
I wan-na be
is eve-ry-thing
as
F
Gm
ug-ly as a toad. As
pret-ty as a pic-ture
hang-ing from a fix-ture
strong like a fa-mi-ly
Gm
F
strong as I wan-na be
bright as day as
light as play as
hard as nails as
F
D
Gm
grand as a whale
eve-ry-thing
eve-ry-thing at once
D.S. al Coda

영화 '레미제라블' 삽입곡

Do You Hear The People Sing?

Alain Boublil 사 | Michel Schoubert 곡

사용코드

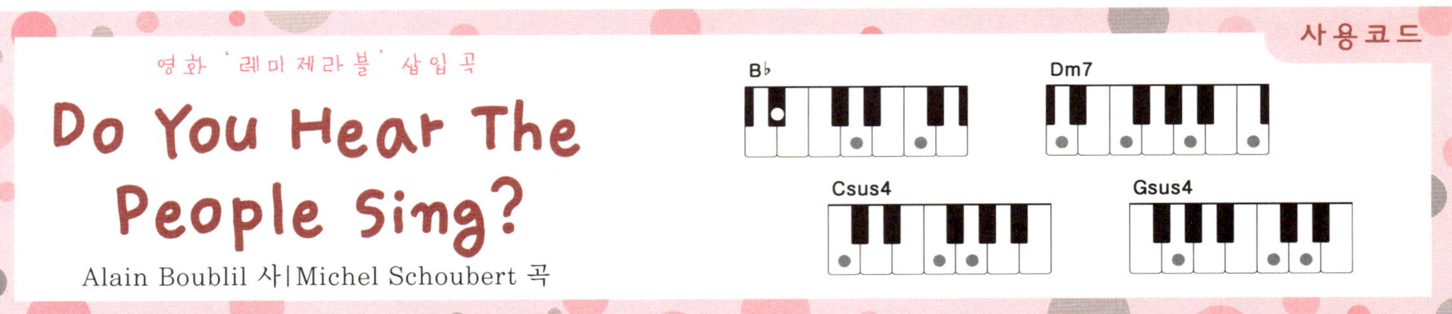

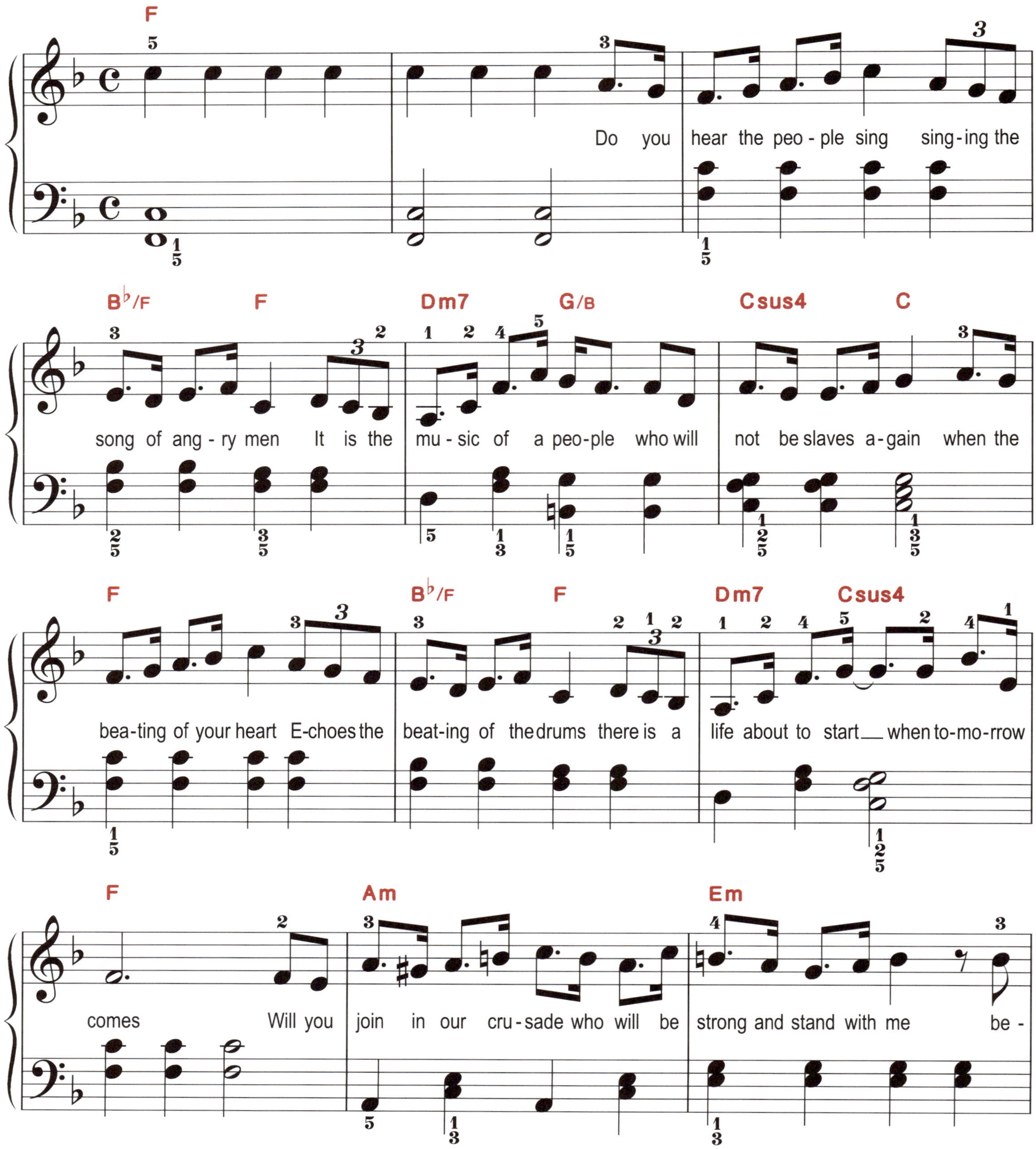

다른 리듬 패턴으로도 반주해 보세요.
F
Bb/F
Dm
G/B
Csus4
C

Dm
Am/C
Dm7
yond the ba - rri-cade is there a world you long to see Then join in the fight that will give you the right to be

G
C
F/C
C
G/B
free Do you hear the peo - ple sing singing the song of ang - ry men It is the

Am
D
Gsus4
G
C
C/E
mu - sic of a peo - ple who will not be slaves a - gain when the bea - ting of your heart Echoes the

F
C/E
Am
G7
C
beat - ing of the drums there is a life a-bout to start when to - mo - rrow comes

사용코드
C
Dm
F
G
CF 'LG 옵티머스'
You And Me
Gustaf Spetz 곡
C
C
Dm
C/E
F
C
Dm
C/E
F
C
Dm
C/E
F

다른 리듬 패턴으로도 반주해 보세요.
C
Dm
C/E
F
G
F
G
F
G
F
G
F
F
C/E
Dm
C/E
2.
39

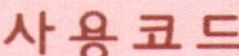

드라마 '야왕' 삽입곡

얼음꽃

이재규, 박영민, 이래언 사|
이재규, 박영민, 이래언 곡|에일리 노래

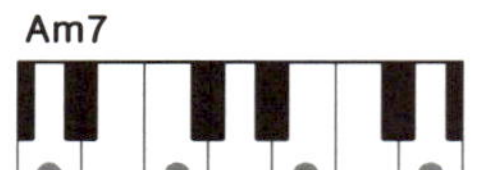

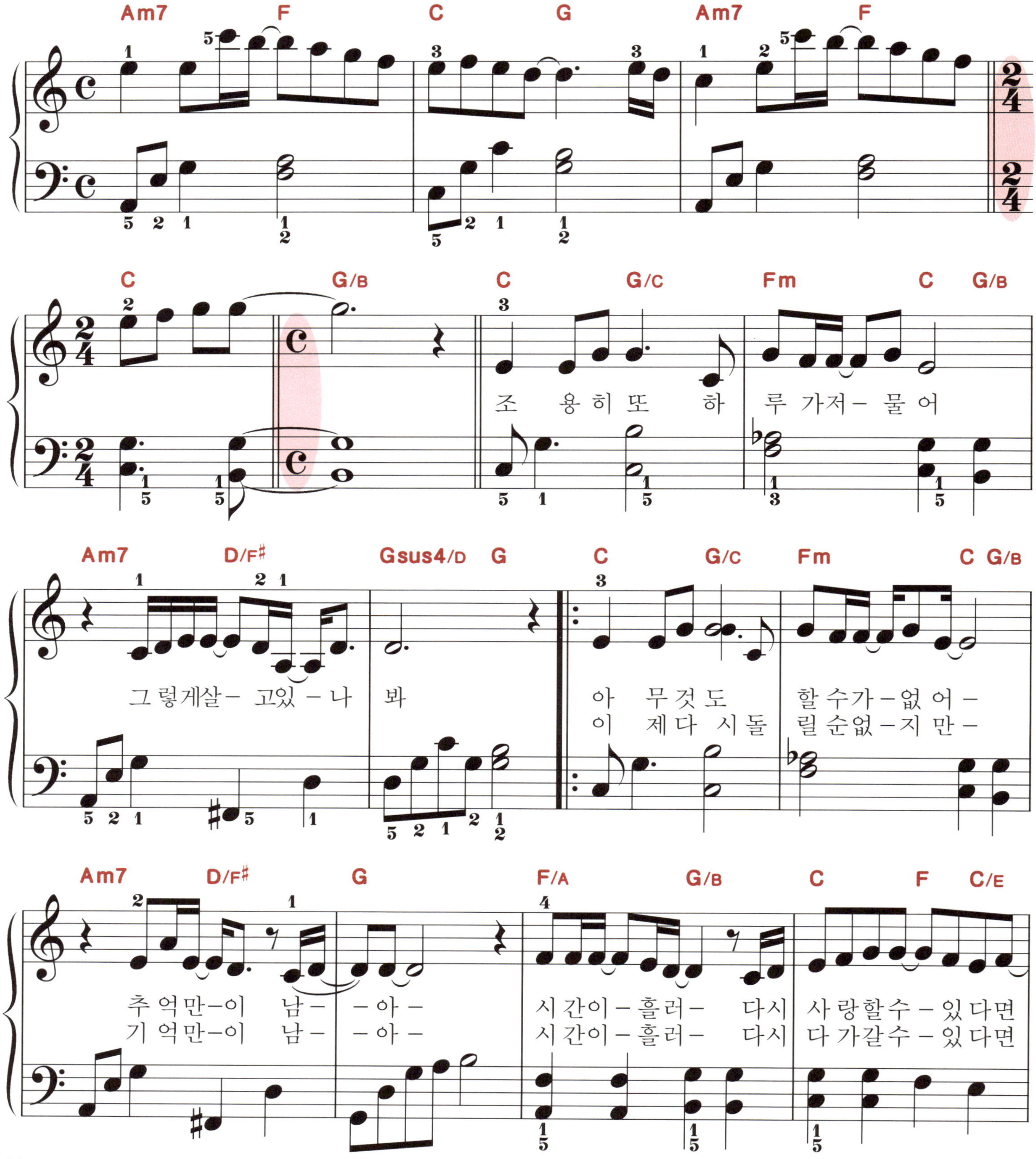

좋을 텐 데
눈물아 - 내 기억 - 이 너 - 를
잊지 못해 - 가슴아 - 내 추억 - 이 너 - 를 놓지 못해 - 하 - 루
- 또 하루 - 만 - 볼 수 있 다 면 - 내 사 랑 아 -
사랑 인 걸 알 - 잖아 - 지난 날 들도 -
난 눈물이 - 흘 러 눈물아
-

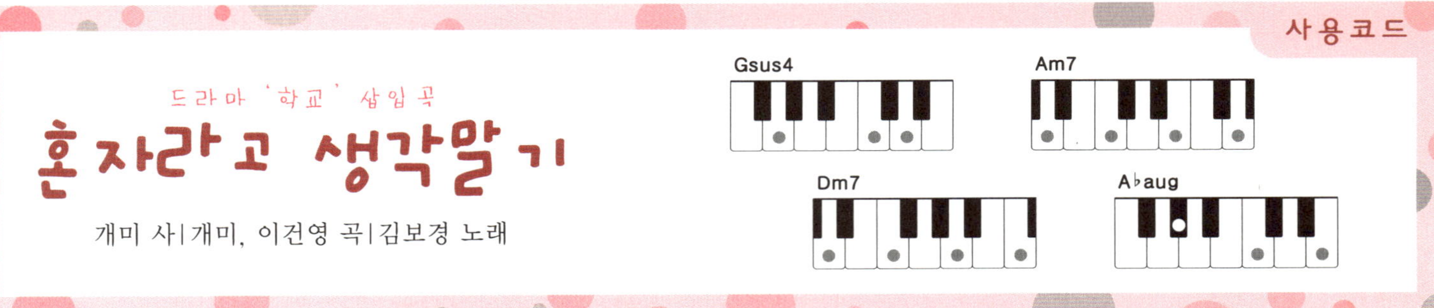

드라마 '학교' 삽입곡

혼자라고 생각말기

개미 사|개미, 이건영 곡|김보경 노래

사용코드

Gsus4
Am7
Dm7
A♭aug

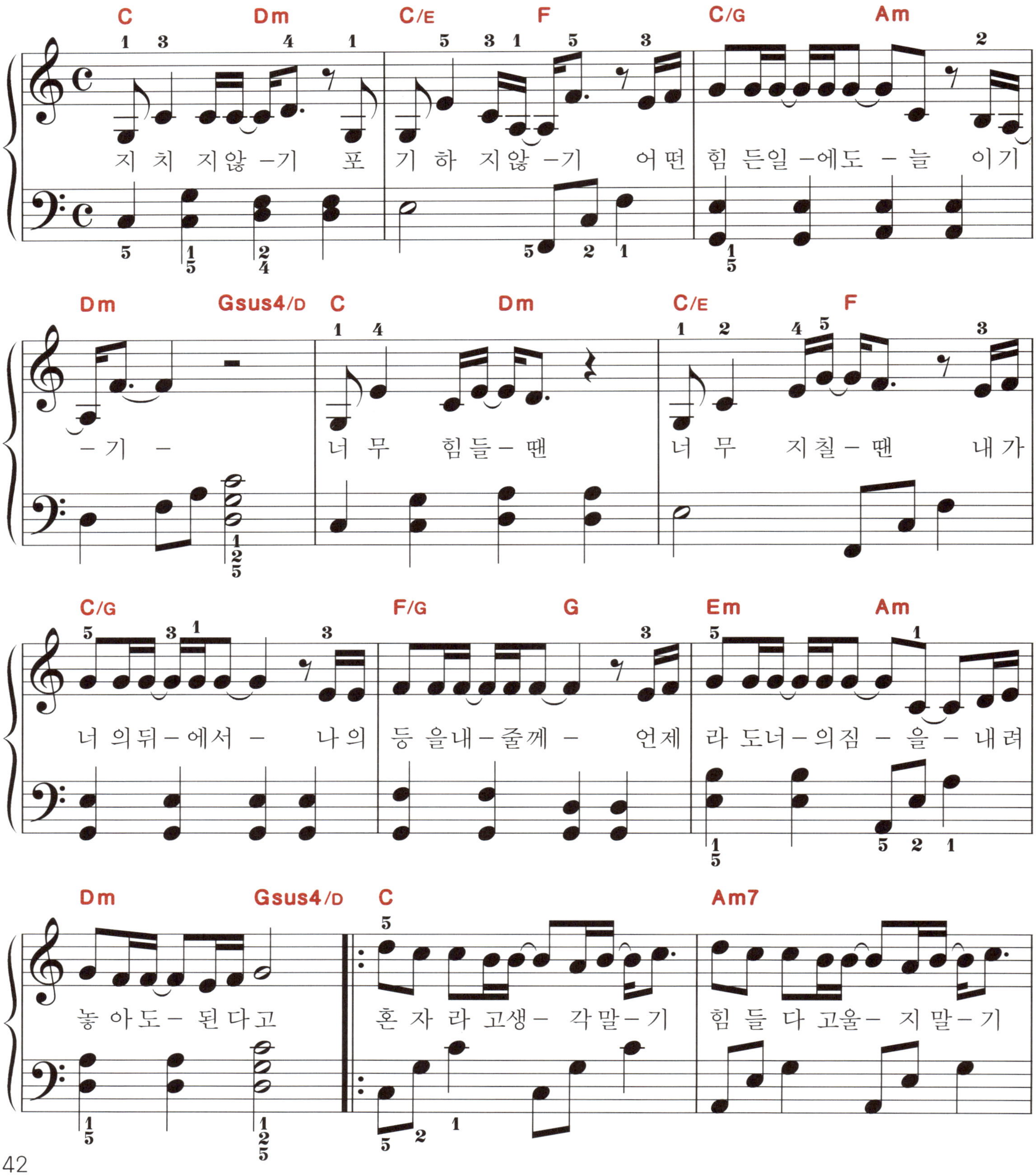

C Dm C/E F C/G Am
지 치 지않 –기 포 기 하 지않 –기 어 떤 힘 든일 –에도 – 늘 이기
Dm Gsus4/D C Dm C/E F
–기 – 너 무 힘들– 땐 너 무 지칠– 땐 내가
C/G F/G G Em Am
너 의뒤–에서 – 나의 등 을내–줄께 – 언제 라 도너–의짐 – 을 – 내려
Dm Gsus4/D C Am7
놓 아도– 된다고 혼 자 라 고생– 각말–기 힘 들 다 고울– 지 말–기

다른 리듬 패턴으로도 반주해 보세요.

너와나
우 리는 알잖 아
니 가 나 의 등 에 기 대
세 상 에 서 버 틴 다 면
세 상 에 서 버 틴 다 면
넌 내게
넌 나의
지
멋 진 꿈 을 준 거
야
오 늘 과 다른 내일 을
기 대 하 며 멈 춰 설
수는 없 어
지 않는 꿈을 준 거 야

43

되돌리다

차세정 사 | 차세정 곡 | 이승기 노래

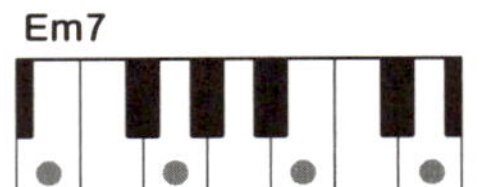

다른 리듬 패턴으로도 반주해 보세요.
C G/B Am /G F Dm/F C G/B
C G/B Am /G F Dm/F
순 간마－다 니 가떠－올 라 조용－히 낮 게울 리던－ 그목－소
C G/B Am Em/G F Dm/F
리 봄을－닮 은 햇 살 같았－던 너 의 모습－까지 － 언
Dm7 Dm/F Gsus4 G Am Em/G
제 나넌－ 나의 매일－을 환 하 게비－췄 어 은 햇 살 같았－던 너
F Dm/F Gsus4/D G/D C
의 모습－까지－－ 아 직 도난－ 너를 잊지－ 않아 －

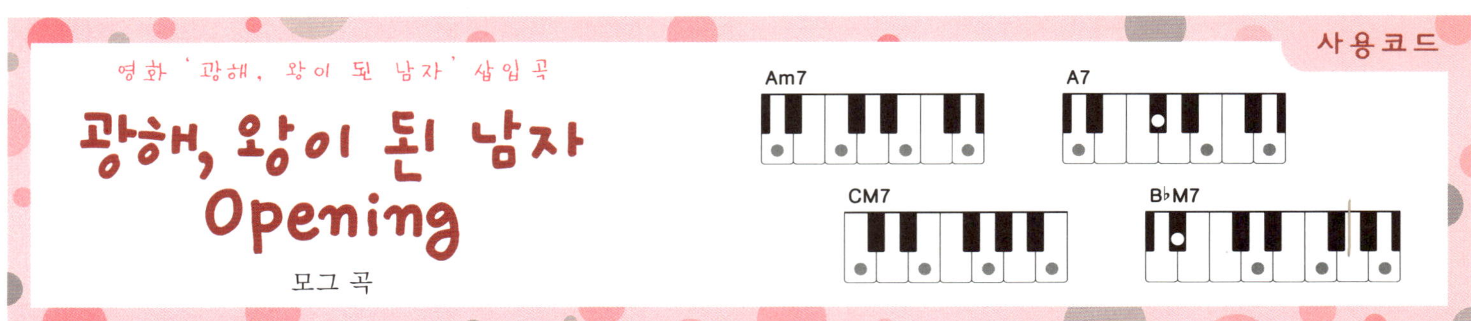

사용코드
영화 '광해, 왕이 된 남자' 삽입곡
광해, 왕이 된 남자
Opening
모그 곡
Am7
A7
CM7
B♭M7

Am7
Dm/A
G7
C
Am7
A7
Dm/A
F
E
Am7
Dm/A
G7
C
Am7
A7
Dm/A

다른 리듬 패턴으로도 반주해 보세요.
Am7
Dm/A
G7
CM7
F
E
Am7
Dm/A
G7
C
Am7
A7
Dm/A
F
E
Am7
Dm/A
G7
CM7
E/B
Am7
B♭M7
Am

발 행 일 2013년 3월 15일
발 행 처 아름출판사
주   소 경기도 고양시 일산동구 중산동 1584-2
http://www.armusic.co.kr
전   화 1588-1743(대표)
(031)977-1881~2(영업부)
(031)977-1883~4(편집부)
팩   스 (031)977-1885
등   록 1987년 12월 9일 제2001-7호

편   곡 조지영(piano-jjy@hanmail.net)
발 행 인 성강환
편 집 인 편집부

본 도서는 무단 복사, 전재할 수 없음(파본은 교환해 드립니다)

ISBN 978-89-8377-715-7   13670

값 3,000원